AF404632

MÉMOIRE

JUSTIFICATIF

POUR les citoyens BERNARD et PERNEY, ci-devant commissaires de l'administration de l'habillement et équipement des troupes, à Rennes, inculpés par un rapport du citoyen Maynard, député à la convention nationale, au nom du comité de surveillance des subsistances, habillemens et charrois des armées, sur une dénonciation des corps administratifs de la ville de Rennes.

Nous avons rempli notre mission à Rennes, avec le zèle et la probité qu'on devoit attendre d'hommes qui avoient fait leurs prenves. Nous y avons été, il est vrai, persécutés dès l'instant de notre arrivée, par cela seul que nous venions de Paris, que nos pouvoirs étoient signés de *Pache, Lazouski*, etc. et qu'on nous supposoit être les émissaires désorganisateurs annoncés par le citoyen le Breton, député ; mais nous en sommes revenus les mains pures, pleins de regrets de n'y avoir pas été aussi utiles que nous l'avions desiré et espéré, et recevant à notre retour des témoignages de l'estime et de la confiance de nos commettans.

A

Cependant nous sommes accusés et dénoncés pour de prétendus torts qui n'ont jamais existé que dans l'imagination de quelques membres inquiets et turbulens d'une municipalité et d'un directoire de département contre-révolutionnaires , et dans celle d'un commissaire des guerres , aussi notre ennemi , comme étant en conflit de fonctions et d'autorité avec nous sur les objets relatifs à notre administration ; le seul tort , le vrai tort que nous ayons eu dans ce pays-là , il faut l'avouer , c'est d'y avoir été reconnus pour d'excellens patriotes , qui avoient donné les preuves les plus distinguées de leur civisme. Il est malheureusement dans ce pays-là , encore plus qu'ailleurs , des gens qui ne pardonnent pas aux vrais partisans de la révolution; ils avoient dans la convention même des agens fidèles, dans les membres qui s'en sont évadé,sce sont ces gens-là qui n'ont pas craint d'en imposer aux représentans du peuple , et qui ont tout fait pour surprendre la religion du citoyen rapporteur qui nous inculpe , qui s'est laissé prévenir au point de nous identifier avec des prévaricateurs.

Mais nous sommes irréprochables ; nous osons le dire hautement , et nous pouvons le prouver.

Quoique l'affaire dont est question soit d'une si légère conséquence , qu'elle ne mérite pas assurément l'attention de la convention nationale. Le rapporteur a pris à tâche de la présenter sous un jour si défavorable , et ses conclusions sont si sévères , qu'après avoir lu son rapport , on ne peut qu'être indisposé contre nous , à moins qu'on n'ait eu quelques révélations sur cette affaire.

Il faut donc nous justifier.

Nous ne nous attacherons pas à réfuter les sophismes, ni à répondre à nombre d'inculpations vagues, autant que peu méritées , qui sont délayées dans les vingt - trois pages du rapport , car nous voulons éviter la prolixité. La plupart, d'ailleurs , semblent moins dirigées contre nous que contre le Ministre et l'administration de l'habillement , que le comité s'est plû à traiter avec si peu de ménagement , sans s'inquietter des inconvéniens qui doivent en résulter pour le service. Mais il est deux faits qui nous regardent directement, et sur lesquels nous ne garderons pas le silence.

Ces deux inculpations semblent même surchargées de circonstances les plus graves , du résultat le plus funeste aux intérêts de la chose publique , et amenent enfin la conclusion, *que nous devons être déclarés incapables de posséder aucune place*, et payer de nos deniers, et le prétendu dommage dont on nous accuse, et encore une amende proportionnée.

Est-il bien possible que la malveillance , l'erreur, la prévention , transforment ainsi en crimes des actions , non pas seulement irréprochables, mais méritoires et louables par elles-mêmes , par leur effet et par l'intention qui les a dirigées ?

1º. On nous accuse d'abord d'*avoir compromis les deniers de la nation , en faisant une avance de*

3300. *liv. au citoyen Antheaume sur un traité* que nous avons passé avec lui *d'une fourniture d'objets d'équippemens en feutre, et de nous étre rendus par-là coupables d'irrégularité, d'imprudence et de négligence,* etc.

Nous répondons à cela que tous ces reproches portent sur un fait absolument, évidement faux. Nous n'avons jamais passé aucune espèce de traité avec *Antheaume.* Si nous luiavons avancé 3300 liv. c'étoit sur celui qu'il avoit fait dès le mois de janvier , avec l'ancienne administration ; c'étoit pour le mettre en état de satisfaire à ses engagemens , en remplissant une fourniture intéressante , dont le magazin de Rennes étoit absolument dénué ; c'étoit non seulement sur le gage d'une partie de cette fourniture , déposée dans le magasin de Rennes , qui n'étoit pas insuffisante par sa valeur, puisqu'elle s'élevoit à 5075 liv. ni équivoque par sa qualité , puisque nous en avions suivi la fabrication ; mais encore sur celui de quatre autres livraisons , chacune à-peu-près de la même valeur, qu'il avoit adressées à l'administration , et dont nous savions siemment qu'il n'étoit point payé. 'Ainsi il y avoit sept fois plus de sûreté qu'il n'en falloit pour couvrir cette avance , qui , depuis a été précomptée. Nous ne l'avons pas d'ailleurs fait sans en prévenir l'administration. Elle n'excèdoit pas nos pouvoirs : nous n'avons eu en vue que le bien du service, en aidant un fournisseur qui , sans ce secours, alloit manquer à ses engagemens, et laisser l'administration à découvert d'une partie d'équipement aussi essentielle , et enfin ce léger secours étoit bien légitimement dû à celui qui prouvoit être en avance de 25 mille francs.

Nous avons donc fait notre devoir , nous n'avons pas compromis les deniers de la République , et nous ne sommes point responsables de l'espèce ni de la qualité des gibernes , baudriers et casques fournis par *Antheaune.* C'est avec les patriotes éclairés , *Vandermonde* et *Lazouski* , qu'il a traité ; et ceux-ci n'ont adopté ces fournitures que par nécessité , économie et prévoyance ; elles surpassent , au reste , ce qu'on attendoit de leur user , et il n'y a que les ennemis ou les envieux de cet honnête artiste qui déprient ses inventions , aussi utiles qu'ingénieuses.

2º. On nous accuse ensuite , et la conclusion du raporteur nous en tient pour *convaincus , d'avoir accepté , pour le compte de la République des fournitures de souliers défectueux.*

Il veut parler de ceux du citoyen *Richebraque* : nous ne les avons pas acceptés ; ils ont été seulement présentés à l'acceptation.

Il est de fait que l'achat de ces souliers n'a été qu'en projet , et borné seulement à ceux qui se trouveroient de qualité *convenable* et *requise* , et nous défions qui que ce soit de nous prouver que nous ayons consommé la réception de ces souliers , que nous les ayons payé , ni que nous ayons entendu en recevoir d'autres que de bons et bien conditionnés, à dire d'expert. Nous n'avons donc pas acheté ni accepté de souliers défectueux. Nous n'avons donc préjudicié, ni pu ni voulu préjudier en rien aux intérêts de la République, ou à celui de ses défenseurs, au contraire, ce n'est que par pur zèle pour le bien du service, et dans la crainte d'être dépourvus d un approvisionnement d'une nécessité au si absolue que nous avons accueilli l'offre de *Richebraque*.

En quoi donc avons-nous pu mériter d'être qualifiés d'agens infidèles et prévaricateurs? et quand notre devoir, notre honneur, notre propre satisfaction, nous portoit à ne rechercher et admettre que de bonnes fournitures, quel motif aurions-nous pu avoir pour laisser introduire dans le magasin des souliers défectueux, de la part d un homme surtout, avec qui nous ne pouvons pas même être soupçonnés de collusion, puisqu'il prétend nous forcer la main, et nous rendre victimes des facilités que nous lui avons accordées pour l'opération de l'expertise de ses souliers?

Pour lever jusques au dernier doute qui auroit pu s'élever sur notre conduite à cet égard, nous allons rapporter le mémoire d'observations que nous avions remis le 14 juillet dernier au ministre, sur cette affaire.

Observations sur la difficulté élevée à Rennes par le commissaire des guerres Villers , sur la réception des souliers proposés par Richebraque.

24 juillet 1793.

Richebraque , négociant à Rennes , offrit , en avril dernier , aux commissaires de l'habillement et équippement des troupes qui étoient dans ladite ville , de choisir dans 8 ou 10 mille paires de souliers , qu'il étoit prêt d'expédier à Brest , ce qui pourroit s'y en trouver de propres au service des troupes , en les lui payant aux prix classés par une instruction imprimée de l'administration, dont il avoit connoissance , et qui étoient alors 6 l. 5 s , 6 l. 10 s. , 6 15 s. et 7 l. la paire. C'étoit à-peu-près le même prix qu'il en auroit reçu en les envoyant au commerce de Brest; cette instruction, au reste, qui fixe le mode de réception , ne prescrit rien de relatif aux commissaires des guerres. Les commissaires de l'habillement ne virent rien que d'avantageux pour le service dans cette proposition; ils manquoient absolument de souliers ; le prix en haussoit de toutes parts ; la facilité de choisir sur un grand nombre étoit séduisante ; ils demandèrent aux corps administratifs des experts , et ceux-ci, nommés et assermentés, se rendirent chez Richebraque , pour examiner ces souliers : leur opération dura trois jours , et d'après leur rapport verbal et les notes, qu'il avoient faites , il parut qu'on pouvoit compter sur environ 2260 paires dans les trois qualités intérieures ; mais comme le lieu où se faisoit cette expertise étoit obscur et trop étroit , que les souliers y entassés depuis plusieurs mois , étoient couverts de poussière , et de la graisse qui en sort , les experts déclarèrent qu'outre ce premier trayement , il étoit nécessaire que tous ces souliers , mis à part, fussent nettoyés , et repassassent par leurs mains pour en faire un choix plus sévère , et l'acceptation définitive ; en conséquence il fut sursis à dresser leur procès-verbal , jusqu'après le remaniement projeté.

Pour l'exécuter dans un local plus commode , on pria le garde - magasin national de vouloir bien les recevoir dans un des emplacemens vuides de son magasin. On en faisoit le transport dans ce lieu de sûreté emprunté , lorsque les commissaires reçurent l'ordre de verser 5ooo paires de souliers à l'armée de *Berruyer*; Ils n'en avoient pas encore mille à leur disposition , il fallut donc avoir recours à la fourniture proposée par Richebraque pour remplir d'autant le nombre demandé. Les 2257 paires à quoi elle montoit , avoient été provisoirement choisies sur 8 ou 10 mille , par deux experts habiles et honnêtes gens ; il étoit à présumer que s'ils en devoient réformer quelques paires à leur second examen , le nombre n'en seroit pas grand. Ces commissaires ont donc supposé environ 2200 paires acceptables , et c'est dans ce sens seulement qu'ils en donaèrent avis à l'administration le 3o mars , comme d'une fourniture sur laquelle on pourroit compter pour lé service de l'armée de Berruyer.

Mais comme cet envoi ne pouvoit s'y faire qu'après un examen préalable du commissaire des guerres, ceux de l'habillement crurent que pour épargner du tems et des frais, et s'assurer d'autant mieux de la qualité des souliers de Richebraque, cette nouvelle expertise pourroit tenir lieu de celle de leurs propres experts, qui n'avoit été en quelque sorte qu'ébauchée. Ils déclarèrent donc à Richebraque qu'ils s'en tenoient à la réception qui seroit faite en présence du commissaire des guerres, et qu'ils ne payeroient que les souliers qu'il auroit acceptés.

Richebraque y acquiesça volontiers ; car il ne vouloit leur vendre que de bons souliers, et il n'étoit pas embarrassé de tirer le même prix de ses moindres ; il dit : *N'en prenez que 2000 paires, que 1500, que 1000, que 200, si vous voulez ; mais à condition que ceux qui ne conviendront pas pour les troupes me seront rendus sans être marqués du mot* rebut *; car je n'ai point vendu, j'offre seulement à vendre, et on est maître de prendre ou de laisser.*

Cette condition étoit juste et raisonnable, et les commissaires de l'habillement n'ont jamais entendu la violer. *Richebraque* n'étoit ni soumissionnaire, ni fournisseur, il ne vouloit qu'être utile à la chose publique. Il pouvoit placer ses souliers en masse dans le commerce et au même prix ; il en offroit la préférence à l'administration, il lui en laissoit le choix le plus absolu; mais il ne vouloit pas qu'une marque ignomineuse rendit invendables ceux qu'elle ne jugeroit pas à propos d'accepter. Telle a été la convention verbale faite avec ledit Riche-braque.

Cependant le commissaire des guerres *Villers*, homme fort tracassier, vain, et encore plein des notions despotiques qu'il a puisées dans les bureaux de l'intendance sous l'ancien régime, procède à l'examen des souliers dont il s'agit. C'est un triomphe qu'il se prépare; il saisira cette occasion pour faire sentir durement sa supériorité à ces commissaires de l'administration qui ont osé quelquefois repousser ses prétentions absurdes et déplacées. *Villers*, s'adjoint des experts qu'il a endoctrinés. On s'arrête un demi quart d'heure sur chaque paire de souliers, on en force l'empeigne pour découvrir la couture; on en compasse les points, on les observe pour ainsi dire avec une louppe, on ne veut que des souliers de la première qualité; en un mot, que de l'ouvrage parfait, et tel que les citoyens ne s'en procurent pas anjourd'hui à 3o l. la paire. On ne veut pas consi-dérer que les souliers ne devoient coûter que 6 liv. 5 s. à 6 liv. 15 s., quand déjà leur prix s'élevoit à Rennes à 8 et 9 liv., et qu'il étoit aisé d'en pré-voir les progrès par l'épuisement du cuir.

Enfin on oublie que ces souliers ont été des-tinés à former trois classes, et on n'en veut admettre qu'une. Ainsi sur 1423 paires seulement que Vil-lers a fait examiner en, on ne sait combien de jours, il en a rejetté 496, qui, comparés avec ceux qui sont généralement fournis à Paris et ailleurs, obtiendroient la prime de qualité, loin d'être rebutables.

Et cependant c'est sur ces 496 paires que *Villers* prétend imprimer la marque de *rebut* réservée aux fournitures frauduleuses, et essentiellement mauvaises, eu é ard aux engagemens contractés ou aux modeles fournis.

Il est incontestable que des souliers peuvent avoir plus ou moins de qualité, sans être pour cela défectueux, sur-tout si cette qualité est relative au prix qu'on en exige. Ici il n'y avoit pas de pièces de comparaison pas de marché conditionnel. Pour que ceux de *Richebraque* ayent été recevables, il suffisoit qu'ils valussent le prix convenu. C'est ce que Villers devoit examiner; et alors il auroit vu que les souliers qu'il ne jugeoit pas à propos d'accepter avoient pourtant une valeur réelle qui les mettoit bien au-dessus de la classe du *rebut*.

Richebraque n'étoit tenu a rien envers l'administration, pas même à lui fournir de bons souliers, et encore moins de parfaits. Il n'avoit encore rien vendu ni livré; il s'étoit seulement mis en mesure de vendre. Et ses souliers, déposés provisoirement au magasin, y étoient si peu censés reçus et appartenir à la nation ou à l'administration, que le garde-magasin n'en a jamais fait la moindre mention dans ses rapports journaliers au commissaire des guerres; en un mot, ils etoient là comme s'ils fussent restés chez *Richebraque* , mais seulement plus commodément pour en achever le choix.

C'est donc bien à tort que le commissaire *Villers* veut se prévaloir du lieu pour dire qu'ils étoient censés vendus et livrés. Pour être vendus , il falloit un marché , et son devoir exi eoit qu'il se les fît représenter , ainsi que les modèles fournis , avant de procéder à l'examen de ces souliers ; alors il auroit été convaincu que n'existant pas de marché , ces souliers n'étoient pas vendus , pour être livrés. Il falloit une décharge , une feuille d'entrée , et il n'en existe point ; pour être reçus ou acceptés , il faudroit qu'un procès-verbal d'expertise le constatât, et il n'y en a pas eu de fait , par les raisons ci-devant déduites.

Les souliers en question n'étoient donc ni achetés , ni acceptés , puisque lorsque Villers a annoncé , dès la première séance , qu'il entendoit marquer du mot *rebut* ce qu'il ne trouveroit pas de la première qualité , *Richebraque* lui a dit en présence de 5 à 6 personnes qui étoient là , qu'il s'y opposoit , et aimoit mieux les reprendre en totalité, que d'en voir marquer une seule paire du mot *rebut*.

Villers y consentit , et on se sépara , persuadés que tout étoit ainsi terminé ; mais le lendemain il changea de résolution , et persista à expertiser et à vouloir marquer le mot *rebut*. En vain on lui représenta qu'il appliquoit mal une loi, d'ailleurs juste et nécessaire ; en vain on lui fit connoître l'arbitraire de son procédé et le dommage gratuit qui en résulteroit : en vain on lui représenta que cette mesure étoit injuste , oppressive et inutile; injuste , parce qu'il ne s'agissoit pas d'une fourniture livrée , mais seulement off. rte ; oppressive , en ce que les souliers marqués *rebut* alloient être en pure perte pour *Richebraque*; inutile enfin , en ce que ce citoyen ne vouloit plus faire de fourniture de souliers , qu'il étoit décidé à se défaire de ce qu'il en avoit par la voie du commerce des colonies , et qu'il ne serviroit à rien de marquer ces 496 paires , tandis qu'il en restoit au même négociant 6000 autres à-peu-près semblables qui ne le seroient pas.

Malgré tant et de si bonnes raisons , Villers n'a pas voulu se départir de son projet de sévir. Une passion si opiniâtre a obligé les commissaires de l'habillement à se retirer et à protester dans les formes entre les mains du commissaire ordonnateur, en lui notifiant qu'ils laissoient toutes les conséquences de cet abus d'autorité sur la responsabilité de . Villers : ce supérieur a cru devoir lui enjoindre de suspendre et son opération d'examen , et l'application de sa *marque* redoutable.

Les choses en sont encore en cet état ; mais si l'on veut bien y réfléchir , on conviendra sans doute que cette affaire ne valoit pas la peine qu'on s'en occupât un instant , et que toute cette tracasserie n'auroit pas eu lieu , si *Villers* , moins méchant , moins despote , moins opiniâtre , avoit laissé à *Richebraque* la liberté de reprendre ses souliers en totalité , et qu'elle cesseroit à l'instant même cette

91